LA

# BAGRIADE

ou

# LA GUERRE D'ALGER.

Poëme héroi-comique,

EN CINQ CHANTS.

**PAR BARTHÉLEMY ET MÉRY.**

❋

Tu céderas, ou tu tomberas sous ce vainqueur, Alger, riches des dépouilles
de la chrétienté. Tu disais dans ton cœur avare : Je tiens la mer sous mes lois,
et les nations sont ma proie. La légèreté de tes vaisseaux te donnait de la confiance ; mais tu te verras attaqué dans tes murailles, comme un oiseau ravissant
qu'on irait chercher parmi ses rochers et dans son nid.

BOSSUET, *Oraison funèbre de Marie-Thérèse d'Autriche.*

❋

# PARIS

AMBROISE DUPONT ET Cᵉ, LIBRAIRES,

ÉDITEURS DE L'HISTOIRE DE NAPOLÉON, PAR M. DE NORVINS,

RUE VIVIENNE, N. 16.

1827

Imprimerie de A. Tastu.

# LA
# BACRIADE

ou

# LA GUERRE D'ALGER.

## Des mêmes Auteurs :

### SATIRES.

SIDIENNES.

ÉPÎTRE A M. DE VILLÈLE.

LES JÉSUITES.

LES GRECS.

UNE SOIRÉE CHEZ M. DE PEYRONNET.

LE CONGRÈS DES MINISTRES.

LA PEYRONNÉÏDE.

LA CENSURE.

### POÈMES.

ROME A PARIS.

LA VILLÉLIADE.

LA CORBIÉRÉÏDE.

IMPRIMERIE DE J. TASTU,

RUE DE VAUGIRARD, N. 36.

LA

# BACRIADE

OU

# LA GUERRE D'ALGER.

### POÈME HÉROI-COMIQUE,

EN CINQ CHANTS.

**PAR BARTHÉLEMY ET MÉRY.**

✳

Tu céderas, ou tu tomberas sous ce vainqueur, Alger, riche des dépouilles
de la chrétienté. Tu disais dans ton cœur avare : Je tiens la mer sous mes
lois, et les nations sont ma proie. La légèreté de tes vaisseaux te donnait de
la confiance ; mais tu te verras attaqué dans tes murailles, comme un oiseau
ravissant qu'on irait chercher parmi ses rochers et dans son nid.
Bossuet, *Oraison funèbre de Marie-Thérèse d'Autriche.*

✳

## PARIS

AMBROISE DUPONT ET Cⁱᵉ, LIBRAIRES,

ÉDITEURS DE L'HISTOIRE DE NAPOLÉON, PAR M. DE NORVINS,

RUE VIVIENNE, N. 16.

✳

1827

# AVERTISSEMENT.

❧

Nathan Bacry, l'Hélène de la guerre d'Alger, est le héros de ce poëme. Nous avons cru pouvoir mettre en scène, sans blesser les convenances, un homme qui, par ses démêlés éternels avec Hussein dey d'Alger, s'est tiré tout-à-coup de la classe respectable et prosaïque des simples particuliers ; Nathan Bacry est aujourd'hui, pour ainsi dire, du domaine public, et l'épopée le réclame ; ce rôle si brillant le met au-dessus de ses contemporains. Il est inutile ici, d'entrer dans les détails de l'affaire Bacry, les journaux l'ont popularisée ; et nous renvoyons ceux de nos lecteurs qui l'ignorent ou l'ont oubliée, au discours qui termine le premier chant de notre poëme.

Lorsque nous quittâmes Paris, notre intention était de visiter les pays lointains et poétiques, théâtre d'un poëme sérieux auquel nous travaillons depuis long-temps. La guerre d'Alger étant survenue, tout voyage sur mer nous fut interdit par la prudence ; et nous restâmes sur les rives de la Méditerranée, les yeux fixés sur cette Égypte dont les pirates nous défendaient l'approche. Dans nos longs momens de loisirs, nous maudissions le **Dey** et **M. Bacry**; et du sommet de nos sauvages collines, nous comptions les vaisseaux qui sortaient du port, escortés par des bricks de guerre. Ce spectacle, qui ramenait journellement nos idées sur la guerre d'Alger et sur ses causes, nous suggéra l'idée du poëme héroï-comique que nous livrons aujourd'hui au public. Il nous semble, que dans aucune époque de l'histoire, jamais sujet aussi fécond ne s'est offert à la verve d'un poëte; il y a dans cette singulière guerre quelque chose de comique qui frappe d'abord toutes les imaginations, et si nous sommes restés au-dessous de notre sujet, la faute n'en doit être imputée qu'à nous. Il est peut-être ridicule d'ajouter que cet ouvrage nous a coûté plus de soins et de travail, qu'aucun de ceux que nous avons publiés jusqu'à ce jour; c'est aussi celui que nous affectionnons davantage; nous l'avons composé sous le ciel de notre doux pays, au murmure des flots et des pins, et parmi ces sites embaumés qui n'ont point de rivaux dans le monde.

# CHANT PREMIER.

＊

Par la discorde , négligence gauloise ,
Sera passage à Mahomet ouvert ,
De sang trempez la terre et mer Senoyse ,
Le port Phocen de voiles et nefs couvert.
Maistre MICHEL NOSTRADAMUS , *première centurie* , verset XVIII.

＊

# CHANT PREMIER.

❋

## ARGUMENT.

Ouverture. — Invocation. — Vue d'Alger. — Journée du Dey. — Ses plaisirs. — La justice turque. — Haute confidence d'Hussein. — Historique de l'affaire Bacry. — Hussein s'applique à réformer les abus.

L'ÉPERVIER de la mer est sorti de son aire;
Alger a déployé les ailes du corsaire,
Et le marin chrétien sur un horizon bleu
Signale avec effroi le pavillon de feu;

Allah donne la guerre aux enfans du prophète !
Alger s'est pavoisé comme en un jour de fête ;
Ses Mores turbulens que fatigue la paix
Sur le môle sonore errent à flots épais ;
Dans les chantiers bruyans, l'espoir de la croisière
Exerce nuit et jour leur science grossière ;
Tandis que les calfats près d'un large chaudron
Sur le flanc des vaisseaux versent le noir goudron ,
Les marins suspendus aux longs bras de l'antenne
Hèlent à cris aigus leur chaloupe lointaine ;
De hardis renégats , pirates indomptés ,
Sur leurs agiles bricks en foule sont montés ;
Tout s'agite à la fois ; un hurlement sauvage
Trouble les vieux échos de Tyr et de Carthage ,
Et le pal à la main , élevant un long cri ,
L'inexorable Dey redemande Bacry '.

Mais ce bruit menaçant a réveillé la France ;
Sa dignité s'oppose à plus de tolérance ;
Sa main , prête à venger un outrage impuni ,

Défendra le héros du café Tortoni[1];

Sa flotte se rassemble, et la côte africaine

Bientôt verra flotter l'étendard de Duquêne;

Le Tétrarque insensé qui nous brave aujourd'hui,

Saura quel bras puissant il arma contre lui.

Tandis que par un Dey l'Espagne souffletée

Présente l'autre joue à sa main emportée,

La France, des combats levant l'épouvantail,

Par des coups de canon venge un coup d'éventail[2].

✿

Sylphe de l'Orient, divinité badine

Qui rases dans ton vol les croissans de Médine,

Esprit docte et conteur, qui durant mille nuits,

D'un calife ombrageux endormis les ennuis!

Toi qui dictes le soir, près du puits des Arabes,

Aux vieux marchands d'Alep de magiques syllabes,

Quand sous de verts palmiers les pélerins assis

Au Galland du désert demandent des récits [4] ;
Démon, fée ou péri, muse jeune et brillante !
Inspire deux chrétiens à la foi chancelante,
Poëtes renégats, las d'élever leurs voix
Dans les temples vieillis de Phébus aux abois,
Et qui, fiers désormais de leur apostasie,
Abjurent les dieux grecs pour les dieux de l'Asie !
Dis-nous par quels exploits le monarque d'Alger
Fit assigner Bacry sur un sol étranger,
Comment pour réclamer le plus juste salaire
Il révolta l'orgueil d'un agent consulaire,
Et quel secret affront, quelle fatalité
Pour la cause d'un juif arma la chrétienté.


Les marchands Levantins dont la nef pacifique
Parcourt, vers le détroit, la vieille mer d'Afrique,
Reconnaissent de loin, sur la colline assis,

Alger, vaste berceau de forbans circoncis :

La paix fait leur tourment, la guerre est leur négoce ;

Despotes de la mer au naturel féroce,

Ces insolens douaniers, comme des suzerains,

Imposent un péage aux timides marins,

Et riche de ses vols, ce peuple philantrope

Rit du nom de forban que lui donne l'Europe.

C'est là que règne Hussein : père de ses sujets ,

Son unanime voix lui vote des budgets ;

Trois eunuques muets forment son ministère ;

Dans son propre palais esclave volontaire,

Au sein de doux loisirs il consume le jour ;

Tantôt sur le sommet d'une moresque tour

Braquant sur un pivot son poudreux télescope,

Il applique son œil aux rivages d'Europe,

Sitôt qu'il voit blanchir à l'horizon lointain

L'aventureux chebec qui promet un butin ;

Souvent dans des caveaux, mystérieux asile

Où gît le superflu de sa liste civile,

Il compte des sequins qu'il a cent fois comptés,

Dépouillé des chrétiens au bagne rachetés.

Vers le milieu du jour, dans ses longs vestibules,

Il se plaît à monter ses quatre cents pendules ⁶,

Et de leur carillon le bon prince étourdi ,

Pendant une heure et plus entend sonner midi.

Doux plaisirs, d'un cœur pur favorables indices !

Le jour tombe, et la nuit promet d'autres délices :

De vieux eunuques noirs, blanchis dans le sérail,

Des vierges du harem hideux épouvantail ,

Portent, en souriant, à la nocturne orgie

De jeunes Icoglans ravis à la Georgie ,

Ou sur des lits soyeux choisissent au hasard

L'esclave sans défaut visitée au bazar.

A son petit lever, quelquefois par caprice,

Ce monarque s'amuse à rendre la justice :

Le Salomon d'Alger, assis sur ses talons,

Fait chercher deux plaideurs aux larges pantalons ,

On les trouve aussitôt; le Cadi les amène :

Cependant à la barre un bourreau se promène ,

Le Dey lui fait un signe , et les deux assignés

Sous le bâton légal expirent résignés;
La séance est levée, et l'auditoire immense
Exalte jusqu'aux cieux le juge et sa clémence.

Tels étaient ses plaisirs; jamais de ses beaux jours
Un fâcheux incident n'avait troublé le cours,
Depuis l'heure fatale où le feu de la guerre
Déchira sur Alger les bombes d'Angleterre [7];
Mais depuis quelques mois, le prince soucieux
De ses jeux favoris a détourné les yeux;
Son prétoire est désert; ses vierges délaissées
N'occupent plus, la nuit, ses ardentes pensées;
Midi ne sonne plus; dans la caisse de bois
Le balancier s'arrête et le timbre est sans voix;
Plus d'amour, de procès, de touchante harmonie !

Une nuit, embrasé des feux de l'insomnie,
Il se lève, et frappant de ses doigts dans sa main,
Vers sa couche en désordre il fait venir Osmin:
C'était le confident de l'altesse africaine;

« Ecoute—moi, dit-il, ton maître est dans la peine :

» Mes sequins, dans mon coffre, avec soin entassés,

» S'envolent chaque jour, sans être remplacés;

» Mon trésor dépérit; en voyant mes dépenses,

» On dirait qu'un Gascon a régi mes finances.

» Chaque jour qui s'écoule accroît l'excès du mal,

» Et si je ne préviens un dénoûment fatal,

» La secte des chrétiens, la race israélite,

» Verront le Dey d'Alger en état de faillite.

» Il faut, Osmin, sauver l'honneur de ma maison :

» Vieilli dans ce palais qui nous sert de prison,

» Toi, de tous mes secrets dépositaire intime,

» Tu sais de quel complot ton Dey fut la victime;

» Rappelle—toi le temps où la France en danger

» Invoqua dans sa faim l'assistance d'Alger :

» Elle n'adressa point une vaine supplique,

» Le froment africain nourrit la République,

» Et de ce riche don fait aux Pères-Conscrits,

» Sept millions de francs furent le juste prix;

» Or, un fils d'Israël, dans cette grande affaire;

» Servit de truchement et d'intermédiaire.

» Ce fut Nathan Bacry ; connu dans l'univers

» Ce nom, dans tous les temps, nous valut des revers.

» La France, toutefois, passant sous vingt régimes ,

» Refusait d'acquitter ses dettes légitimes,

» Exhibait de l'État les minces revenus,

» Et, d'année en année, allongeait ses refus.

» Bacry nous assurait que s'il allait en France ,

» Il ferait acquitter nos billets en souffrance :

» Israël n'eut jamais de plus faux charlatan [8] !

» On crut à sa promesse, on fit partir Nathan.

» En effet, le perfide, à force d'artifice,

» Amena ces chrétiens à nous rendre justice ,

» Et de ses propres mains, il reçut du trésor

» Sept millions de francs qu'il convertit en or.

» Long-temps on attendit cet agent infidèle ;

» Mais Bacry depuis lors est resté sans nouvelle.

» Il faudrait, cher Osmin, le ravoir à tout prix.

» Je sais que cet ingrat s'est casé dans Paris ;

» Qu'au jargon des chrétiens sa langue s'habitue ,

» Qu'il passe le rasoir sur sa barbe pointue,

» Qu'on le voit nuit et jour sur de hauts palanquins,

» Aux passans attroupés prodiguer mes sequins,

» Et que, dans l'Opéra, les houris de la danse

» Devant mes millions se pâment en cadence.

» Sauvons, il en est temps, des débris précieux !

» J'ai besoin, avant tout, d'un homme audacieux ;

» Je veux de ce Paris qui lui sert de refuge,

» Qu'on le traîne en ces lieux devant son propre juge ;

» L'entreprise est hardie, et pour l'exécuter,

» Il faut y réfléchir, et la bien discuter.

» Je cherche dans Alger cinquante hommes d'élite

» Assez forts pour tenter le coup que je médite,

» Je ne les trouve pas ; et d'ailleurs dans Paris,

» Mon peuple offusquerait les ombrageux esprits ;

» L'astucieux Nathan se douterait du piége ;

» Il faut par d'autres mains que ma ruse l'assiége.

» Voici donc mon projet, cher Osmin : cette nuit

» Sur un de mes vaisseaux tu monteras sans bruit,

» Il n'attend plus que toi pour quitter ce rivage,

» La ville d'Alexandre est le but du voyage;

» Sois mon ambassadeur auprès du vice-roi,

» Porte-lui des présens en gage de ma foi,

» Obtiens de sa bonté qu'il confie à ton zèle

» Cinquante Musulmans de sa garde fidèle;

» Alors, point de retard, remonte sur les flots,

» Aux rivages français transporte ces héros,

» Marche droit à Paris où vit l'Israélite,

» Indique cette proie à ta troupe d'élite,

» Et quand tu jugeras le moment décisif,

» Que cent robustes bras l'enlèvent mort ou vif.

» Adieu; tu trouveras en quittant ce royaume

» Mes lettres de crédit et ton secret diplôme :

» Pars; sois prudent surtout; pour un plus grand projet

» Jamais un potentat ne choisit un sujet. »


Osmin s'est incliné. Ce confident si sage

Entrevoit, d'un coup-d'œil, les périls du message;

Mais un calme profond règne sur tous ses traits,

Sans murmure et sans joie il quitte le palais ,

2*

Franchit ses longs jardins, et méditant son rôle,

Dans sa marche rapide arrive sur le môle.

Là, parmi cent vaisseaux il reconnaît le sien.


Mais Hussein est plus calme après cet entretien ;

Il quitte désormais sa stupeur monotone,

A de plus nobles soins son ame s'abandonne ;

Roi de vastes États, chef de tant de tribus,

Il veut dès ce moment réformer les abus :

Et d'abord, dans l'excès de son louable zèle,

Il appelle Costa, son horloger fidèle [9],

Ordonne qu'à l'instant l'antique horloge à poids

Que le précédent règne exila sous les toits,

Dans ses appartemens en pompe replacée,

Réprenne à l'avenir sa marche cadencée.

Sa paternelle voix convoque les cadis,

Des deniers de l'État déprédateurs hardis;

Il veut que dans trois jours le chef de la justice

Mette tous les vieux pals en état de service.

Puis, jetant de sa couche un regard consterné

Sur son pauvre harem mollement gouverné,
Il voit ce triste empire où de faibles eunuques
Abandonnent le sceptre à des vierges caduques ;
Effroyable chaos ! de ses propres houris
A peine connaît-il et le nombre et le prix ;
Sur ce grave sujet il est temps qu'il s'éclaire :
Il appelle Mesrour du ton de la colère,
Et le charge aussitôt de dresser en détail
Un état raisonné des femmes du sérail.

Le jour luit, et le Dey, bercé par un génie,
Sur son lit solitaire a vaincu l'insomnie.

# CHANT DEUXIÈME.

Combien ont-ils quitté de jardins , de fontaines , et de eux de plaisance
où ils prenaient leurs plaisirs?

CORAN, *chapitre de la Fumée écrit à la Mèque.*

# CHANT DEUXIÈME.

❀

## ARGUMENT.

Départ d'Osmin pour Alexandrie. — Description du voyage. — Entrevue avec le pacha d'Égypte. — Secours accordé aux Algériens. — L'ambassadeur se rend à Paris, aidé des troupes du pacha.—Sécurité de Bacry.—Détails de ses occupations.

QUAND le soleil de l'Est de ses rayons naissans
Des pieux minarets fit luire les croissans,
Le vaisseau qui portait la superbe ambassade
Aidé d'un vent propice avait fui de la rade.

Tandis que sur son banc le pilote incliné
Tient le rauque timon vers l'Orient tourné,
Que les cris des marins se perdent dans l'espace,
Sur la poupe élevée Osmin a pris sa place :
Un esclave d'Asie, instruit dans le sérail,
Agite à ses côtés le flexible éventail ;
L'Excellence en turban de coussins entourée,
Allongeant sur les flots sa chibouque dorée,
Suit d'un regard distrait vers un horizon pur
Le parfum qui s'exhale en tourbillons d'azur,
Et médite en secret sur le hardi voyage
Qu'un maître impérieux confie à son courage.
Mais déjà le vaisseau dans son rapide cours [10]
Du populeux Alger n'aperçoit plus les tours.
Ils atteignent bientôt sur la prochaine rive
Bone au sol nourricier que parfume l'olive,
Bone fière d'un port que hante l'étranger,
Riche et dernier confin du royaume d'Alger.
Leurs yeux errent long-temps sur la plage déserte,
Et signalent enfin les hauts murs de Biserte,

Mer féconde ! où jamais le pêcheur indécis

Ne jeta vainement ses longs filets noircis.

On découvre au lever de la troisième aurore

Des remparts crénelés que bat le flot sonore,

C'est Tunis, dont le bey, par respect pour la Croix,

Députe une ambassade au sacre de nos rois.

D'illustres souvenirs peuplent cette contrée :

La morne solitude envahit Césarée ;

Sur Utique en débris, sans songer à Caton,

Le pâtre indifférent passe avec son bâton ;

Et l'avide plongeur enfant de ce rivage,

Est l'unique habitant des palais de Carthage !

Ainsi marche le temps sur les peuples divers,

D'herbe ou de sable un jour leurs fastes sont couverts.

Qu'importe aux fils d'Alger un souvenir stérile ?

Cependant à leur gauche ils laissent la Sicile ;

La nef en poursuivant son vol précipité,

Du long cap de Tunis double l'extrémité ;

Là commence une terre où campent des Arabes ;

Plus loin se montre Suze et le golfe de Gabes ;

Malte comme un point noir semble fuir vers le nord :

Fléau du Musulman , son redoutable port

Vomissait autrefois sur de saintes galères

De chastes chevaliers armés de scapulaires ,

Jusqu'à ce jour funeste où le pied d'un géant

En passant sur leur gloire y laissa le néant.

Tripoli vient après ; cette ville guerrière

Des domaines de l'homme est l'extrême frontière ;

Des syrthes effrayans cachés au sein des mers

Du sauvage Barca bordent les longs déserts,

Barca, terre féconde en sables infertiles ,

De monstres inconnus effroyables asiles ;

Quel mortel imprudent osa s'en approcher ?

Le navire d'Osmin s'éloigne ; le nocher

Cherche en vain des cités à nommer dans l'espace,

L'horizon se prolonge et la côte s'efface.

Pendant cinq jours encore on vogua sans rien voir,

Mais le quinzième jour aux approches du soir,

Le cri de la vigie appelle l'équipage ;

Mille doigts à l'instant indiquent le rivage.

Debout vers l'Occident, le sage ambassadeur
Du spectacle qui s'offre admire la grandeur :
Le soleil à cette heure agrandissant son disque [11],
Du vaincu de Pharsale éclairait l'obélisque ;
Osmin à cet aspect reste les sens troublés ;
Cependant les marins sur le pont rassemblés,
Ont salué ces bords d'une voix attendrie ;
Le pilote se lève et nomme Alexandrie ;
On touche au port : Osmin sur un canot léger
S'élance en arborant le pavillon d'Alger ;
Les forts ont salué le croissant du prophète,
Osmin vers le pacha dépêche une estafette,
Il demande audience, et le grand Méhémet
Au député du Dey montre son calumet.


Le satrape, au milieu de ses noirs capitaines,
Comptait en ce moment et rangeait par douzaines
Des têtes de chrétiens dont son regard subtil
Distinguait la patrie aux traits de leur profil,
Noble don, qu'Ibrahim, modèle de tendresse

A son auguste père envoyait de la Grèce !

Le doux sommeil pesait sur ses sens assoupis ;

Osmin entre, et son front a touché le tapis :

« Parle, dit le pacha de la côte africaine.

» Quel sujet si pressant vers l'Égypte t'amène ?

» Ton maître peut toujours se reposer sur moi,

» L'amitié nous unit encor plus que la foi.

» Seigneur, répond Osmin, peut-être un bruit fidèle

» Des malheurs de mon Roi t'a transmis la nouvelle ;

» Tu sais qu'un fils impur de ce peuple proscrit

» Qui porte sur le front son anathême écrit,

» A ravi des trésors fruits de notre industrie ;

» Que le traître adoptant Paris pour sa patrie,

» Au rang des hauts banquiers en quatre jours monté,

» Jouit impunément de son vol effronté ;

» Par ce rapt odieux la Régence perdue

» Au niveau de l'Espagne est presque descendue.

» Ne crois pas toutefois que mon maître aujourd'hui

» Trahirait son chagrin s'il ne touchait que lui ;

» Mais un soin plus cruel déchire sa grande ame,

» Nous savons que le juif concerte une autre trame :

» Habile financier, notre or entre ses doigts

» Au bout de quelques ans se doublera vingt fois ;

» Alors des rois chrétiens implorant l'assistance,

» Le Moïse nouveau sortira de la France,

» Et vers Jérusalem de degrés en degrés,

» Un beau jour conduira trois cent mille émigrés,

» Restes de ces tribus que la bouche divine

» Dispersa dès long-temps loin de la Palestine.

» Et certes, c'est ici plus qu'une fiction,

» Je crains de jour en jour le réveil de Sion,

» Déjà tout nous prépare un dénoûment tragique ;

» Un congrès de Rotschild se rassemble en Belgique....

» Nathan peut tout-à-coup, comme un autre Bernard,

» D'une croisade juive arborer l'étendard,

» Et liant à son sort la rebelle Morée,

» Arriver par deux points sur l'Égypte éplorée....

» Alors, grand Méhémet, si ton sabre puissant

» Se lève pour sauver la gloire du Croissant,

» Deux peuples conjurés dans leur idolâtrie

» Sous leurs Dieux différens fondront sur ta patrie ;

» Il faudra disperser l'un et l'autre à la fois ;

» Et si tu n'es vainqueur de l'Arche et de la Croix ,

» C'en est fait du Coran ; nos sultanes captives,

» D'Athène ou de Sion iront peupler les rives.

» Prince , il est temps encor d'étouffer ce danger :

» Ton intérêt se mêle à la cause d'Alger ;

» Si tu me sers d'appui, je réponds sur ma tête

» D'assoupir pour toujours la lointaine tempête :

» Ordonne seulement que cinquante soldats

» Prudens dans le conseil et vaillans aux combats,

» Sur mon agile brick s'embarquent dès l'aurore;

» Qu'ils respectent celui que leur monarque honore ;

» Je pars , et secondé de ces fermes soutiens,

» J'arrive en toute hâte aux rivages chrétiens ,

» Je vole vers Paris ; là mon zèle ordinaire

» Du perfide Nathan envahit le repaire;

» Je le mets sur un brick prêt au moindre signal,

» Et le livre à mon Dey qui l'asseoit sur un pal.

» Tel est le plan, Seigneur, qui doit sauver l'Empire;

» Le succès est certain, mais que rien ne transpire;

» Évitons que Bacry surtout en soit instruit;

» Pour le mieux abuser nous répandrons le bruit

» Que tes nobles sujets ont quitté leur patrie [12]

» Pour apprendre à Paris les arts et l'industrie,

» Et quand il connaîtra l'effet de nos complots,

» Ses cris se mêleront au murmure des flots. »


Osmin se tut : Ali, d'une main familière,

D'un lion assoupi caressait la crinière ;

Accoudé devant lui calme et silencieux,

Parfois il élevait ses regards vers les cieux;

On vit même un souris de gracieux présage

Contracter un instant son farouche visage :

« Tes vœux seront remplis, Osmin, tu peux partir. »


L'ambassadeur d'Alger se hâte de sortir,

Et retourne en silence à son bord solitaire ;

O surprise ! Aussitôt qu'un faible jour l'éclaire,

3

Il distingue de loin volant vers son côté

Une longue chaloupe au sillage argenté ;

Son œil a reconnu les enfans du prophète :

Le moelleux cachemire est roulé sur leur tête ;

Tous portent des poignards aux pommeaux éclatans,

Des damas recourbés , de riches cafetans.

Osmin à cet aspect pousse des cris de joie ,

Et pour les recevoir tend l'échelle de soie.

Ils montent ; et le vent complice de leurs vœux ,

Se levant tiède encor du désert sablonneux ,

Les pousse en haute mer ; un bruit qui les devance

Signale leur navire au golfe de Provence ,

Ils débarquent : Paris leur ouvre son chemin ,

Et bientôt il reçoit les compagnons d'Osmin.


Mais Bacry , sans prévoir ces perfides menées,

Usant dans les plaisirs d'indolentes journées

Parmi de gais repas et de nobles amis,

Consommait les sequins au dey d'Alger promis.

Tous les jours se levaient radieux sur sa tête ;

Tantôt, pour amuser sa nouvelle conquête,

Conducteur gracieux d'un quadrige élégant,

Il traîne sa mollesse au boulevard de Gand;

Tantôt, montrant à pied sa face fortunée,

Il savoure, en flânant, la fraîche matinée,

Et quand la double aiguille arrive sur midi,

Il monte d'un pas lent l'escalier de Hardy.

Là, que de cris de joie honorent sa venue!

Du haut de son comptoir, la bourgeoise ingénue

Accueille d'un souris le grand consommateur,

Et le garçon rusé l'appelle Monseigneur.

Vingt courtisans à jeun, peuplade Sybarite,

Entourent le fauteuil du noble Israélite,

Et dans ses yeux brillans devinant ses propos,

Dès qu'il ouvre la bouche exaltent ses bons mots.

Le dessert entretient leur pétulante veine.

Le pauvre dey d'Alger est toujours mis en scène,

Et de vieux Clos-Vougeot tous les cerveaux atteints

Déchargent leurs vapeurs sur les forbans lointains.

Tout-à-coup, il s'arrache à cette gaîté folle;

Le palais de la Bourse est ouvert ; il y vole,

Non comme un coulissier, agioteur obscur

Qui, d'un pas timoré, marche à l'ombre du mur ;

Lui, cherchant le grand jour, près du parquet se range,

Appelle à haute voix tous les agens de change,

Leur dicte fièrement ses ordres souverains,

Prend des coupons de Naple ou des bons mexicains ;

Il offre aux potentats de l'Europe chrétienne,

Comme un autre Rotschild, un bras qui les soutienne,

Et pour un déjeuner, propose, en badinant,

La créance qu'il tient sur le roi Ferdinand [13].

Mais son cheval hennit au bas du péristyle :

Il le monte en trois temps, en écuyer habile ;

Le peuple émerveillé s'écarte devant lui ;

Alors, si dans le jour un beau soleil a lui,

D'un pas grave et prudent il s'en va chez Lepage,

Prendre, à tant par cachet, des leçons de courage,

De crainte que le Dey, se créant chevalier,

Ne l'appelle un beau jour en combat singulier.

Après, pour réparer ses forces épuisées,

Il s'élance au galop dans les Champs-Élysées,

Et, fier d'avoir perdu vingt énormes paris,

Il arrive, nuit close, au Café de Paris;

Il s'installe, et d'abord la carte inspiratrice

Suggère au gastronome un appétit factice.

Une heure ainsi s'écoule, et le dîner fini,

Le ventre en relief, il va chez Tortoni;

Un murmure flatteur l'annonce dans la salle;

On apporte à l'instant sur une table ovale,

Guéridon réservé que lui-même marqua,

La tiède porcelaine où fume le moka.

Il s'assied; cependant deux esclaves timides

De babouches d'Alger chaussent ses pieds humides;

Les honneurs qu'on lui rend l'enflent d'un juste orgueil;

Parmi ses courtisans balançant son fauteuil,

Le débiteur du Dey, roi des Israélites,

Semble un astre escorté de trente satellites.

Son rapide babil effleure tour à tour

Les secrets de la nuit et l'histoire du jour,

Le prix de son cheval, la cote de la rente,

Les nouvelles d'Alger et du trente-et-quarante.
Sur chaque ridicule il porte son scalpel,
Condamne sans retour et juge sans appel.
Mais des plaisirs du soir il garde la mémoire ;
Un signe de sa main dissipe l'auditoire :
Le joyeux entretien s'est prolongé trop tard,
Il est temps de paraître au théâtre Favart :
Garcia, tout chargé des lauriers de l'Europe,
Est arrivé ce soir des bords de Parthénope ;
Cirque cher à Bacry ! Là, le héros d'Alger
Déchiffre bien ou mal l'idiôme étranger,
Il crie, en étendant les bras vers les coulisses,
*Brava* pour les acteurs, *bravo* pour les actrices,
Et, toujours entouré de sa brillante cour,
Il s'enivre d'honneurs, d'harmonie et d'amour.

Noble juif, puisses-tu, libre d'inquiétudes,
Prolonger à jamais ces douces habitudes !
Puisses-tu voir toujours, devant toi réuni,
Le cercle adulateur du café Tortoni !

Le ciel des boulevards à tes yeux est tranquille;

Au sein du beau pays qui t'ouvrit un asile,

Tu veilles sans soupçons, et tu dors sans effroi...

Hélas! tes ennemis rôdent autour de toi,

Et pour saisir au corps un faible Israélite,

Deux rois ont mis sur pied une garde d'élite !!!

# CHANT TROISIÈME.

*

. . . . . . *Palleat sic*
*Ut nudis pedibus pressit qui calcibus anguem.*
JUVÉNAL.

Mes enfans, rétournez en Égypte.
CORAN, *Chapitre de Joseph écrit à la Mèque.*

*

# CHANT TROISIÈME.

❀

Le vigilant Osmin, dans l'intrigue blanchi,
A fait choix d'un palais au quartier de Clichy.
C'est là qu'il établit les cinquante Séides;
Bien loin de les soustraire à des regards avides,

Il veut que chaque Turc, par son goût excité,

Se promène d'abord dans la vaste cité.

Fière de leur séjour, la France hospitalière

Caresse ces héros d'une main familière;

Chaque jour pour complaire à ces fils de visirs,

Elle invente des jeux et de nouveaux plaisirs:

Ils sortent escortés de doctes interprètes;

L'Institut les reçoit aux séances secrètes;

Guilbert-Pixérécourt, si pauvre en nouveautés,

A défaut de public, les a tous invités;

Au faubourg Saint-Germain la sultane titrée

De son noble salon leur accorde l'entrée;

Puymaurin veut couler leur profil africain,

Et Guyon les invite à Saint-Thomas-d'Aquin.

Mais rien ne peut charmer leur vague inquiétude,

Leur ame tout entière est à la solitude;

Sur les bords de la Seine ils pleurent leur exil,

Ils cherchent autour d'eux les cascades du Nil,

Les vertes oasis, et ces plaines humides

Où comme des géans dorment les Pyramides.

Même dans nos jardins, lorsque d'un pied léger
Les filles des chrétiens passent sous l'oranger,
Jamais leurs yeux dévots de ces vierges profanes
N'osent interroger les tissus diaphanes.
Ah! si l'ange du ciel qui préside aux plaisirs
Leur rendait du harem les amoureux loisirs!
Ah! s'ils pouvaient revoir sur la molle ottomane
La fraîche Georgienne ou la blanche Persane,
Sous un soleil de feu, quand l'eunuque thébain
Haletantes d'amour les ramène du bain;
Alors vous les verriez ces étrangers timides
Se lever tout-à-coup, frénétiques Alcides,
Et purs devant la loi, dans leurs mâles efforts,
Sur de soyeux coussins expirer sans remords.

Vains regrets! Aussitôt que l'astre qui décline
Du verdoyant Meudon a doré la colline,
Que la nuit dans Paris se glisse par degrés,
Les jeunes Musulmans par des chemins secrets
Regagnent de Clichy la lointaine barrière,

Où les attend Osmin qui sonne la prière.


Un mois s'est écoulé; le débiteur d'Alger
Soupçonne vaguement un sinistre danger;
Ces bandes d'Osmanlis dans Paris dispersées
L'assiégent malgré lui de funestes pensées;
Pourtant il aime à croire, ainsi que tout Paris,
Que le soin de s'instruire occupe leurs esprits ;
Mais l'heure du péril est à la fin venue;
Un horrible incident va dessiller sa vue :
Un jour, en revenant du faubourg Saint-Germain,
Au détour d'une rue, il reconnaît Osmin ;
Bacry sur son cheval d'épouvante recule,
Le fer glacé du pal dans ses veines circule;
Le juif à cet aspect reste les bras en croix,
Sa langue est immobile et sa bouche est sans voix.
Tel frissonna Saül, quand, pâle de menace,
L'ombre de Samuel parut devant sa face ;
Tel frémit dans un bois un enfant ingénu,
Qui sur un froid serpent a posé son pied nu;

Tel encor Robinson resta muet de crainte,

Quand d'un pied de sauvage il aperçut l'empreinte.

Le héros africain, par ce spectre obsédé,

D'une moite sueur a le corps inondé;

Les genoux tremblotans, et la vue incertaine,

Il regagne à tâtons sa demeure lointaine;

Là, le sein déchiré du plus juste souci :

« Il est donc vrai, dit-il, le perfide est ici !

» Il commande en secret une garde d'élite,

» J'entrevois d'un coup-d'œil l'attentat qu'il médite,

» Il veut, demain, peut-être, au milieu de ma cour,

» Du café Tortoni m'arracher en plein jour !...

» N'importe, déjouons sa coupable entreprise;

» Qu'on juge le héros dans un moment de crise :

» Pour sauver notre vie et nos derniers sequins,

» Opposons l'artifice aux huissiers africains. »

Le héros se recueille et médite en silence :

Tout-à-coup sur son front rayonne l'espérance;

Le temps presse, il se lève, il sort, et dans la nuit,

Prépare le succès du plan qu'il a construit.

Le lendemain, à peine un crépuscule rose
Se glissait sur les bois où Versailles repose,
Voilà qu'un messager, la dépêche à la main,
Au palais de Clichy vient demander Osmin;
Osmin reçoit l'écrit, le livre à l'interprète :
On y lisait ces mots : « Nobles fils du prophète,
» Ce soir, loin de la pompe et du fracas mondain,
» On joue, en votre honneur, l'opéra d'Aladin.
» La salle est, cette nuit, à vous seul réservée,
» Et Sosthène humblement attend votre arrivée. »

De cet insigne honneur Osmin sent tout le prix;
Ses compagnons, parés des plus riches habits,
A l'heure du plaisir qu'indique le message,
De l'Opéra français encombrent le passage.
Ils entrent au lever de l'immense rideau;
Pour des yeux de Memphis quel sublime tableau !
Riche de mille feux que le Gange recèle,
Dans le palais magique un soleil étincelle;
Là, des sylphes ailés à l'heureux Aladin

Offrent des fruits cueillis au céleste jardin ;

Des houris au teint frais, d'agiles bayadères

Dansent en agitant leurs tuniques légères ,

Et présentent aux mains qui voudraient les saisir

Des seins tout palpitans d'amour et de plaisir.

Ce palais tout rempli d'ineffables prestiges ,

Ces chants aériens , ces vierges callipyges ,

Ces invisibles luths aux accords ravissans ,

Des compagnons d'Osmin tout enivre les sens ;

Du palais d'Aladin ils parcourent l'enceinte ,

Leurs yeux sont éblouis ; jamais la cité sainte ,

Que promit Mahomet aux Musulmans pieux ,

En songe n'apparut plus brillante à leurs yeux [14].

Dans leurs seins haletans la volupté fermente ,

Déjà chaque héros a choisi son amante ,

Ils l'appellent du geste , et le rigide Osmin

Attend même la sienne, un mouchoir à la main ,

Princesse qui jadis, dans OEdipe à Colonne,

Créa , sous Sacchini , le rôle d'Antigone.

Alors d'autres houris , aux ailes de zéphir ,

Qui parent leurs bandeaux d'aigrettes de saphir,

D'enfantines beautés chères à Therpsicore,

Qu'un duvet pudibond ne couvre point encore,

Dociles instrumens du plus doux des complots,

Dans des chaînes de fleurs enlacent nos héros;

C'en est fait! au milieu des nouvelles Armides,

Ils sont près d'oublier leurs chères pyramides :

Ils résistent encor, mais, par un coup fatal,

Le gaz vient d'expirer dans son dernier cristal...

Quelle nuit, Mahomet!... Quand la nouvelle aurore

De Montmartre voisin dora le sémaphore,

On vit près d'un manoir, sur la route de Sceaux [15],

Cinquante Musulmans errer sous des berceaux,

Et le passant ouït des voix orientales

Qui traduisaient en turc l'hymne saint des vestales.


Bacry rend grâce aux cieux, et son chagrin banni,

Il proclame sa ruse au café Tortoni.


Toutefois, dans le cœur des enfans du prophète

La volupté s'épuise et n'est point satisfaite ;
Mais Osmin, de qui l'âge a glacé les ressorts ,
Dès la première nuit a senti des remords ;
La faiblesse des sens lui rend son énergie ;
Il se lève , honteux de sa profane orgie ,
Et des murs du castel arpentant le contour ,
Il sonne la prière au beffroi de la tour.
Jamais , depuis cent ans , ces cloches féodales
N'avaient du vieux manoir fait retentir les dalles.
Au signal de l'airain , les défenseurs d'Alger
Sur le parquet poli sautent d'un pied léger ,
Et chaque Musulman , auprès de sa conquête ,
Parut à la croisée , un foulard sur la tête.
« Amis , leur dit Osmin , les filles des chrétiens
» Ont égaré nos cœurs par leurs doux entretiens ;
» Reprenez vos turbans ; le fleuve nous réclame ,
» Dans ses limpides eaux purifions notre âme ,
» Quittez ce lieu perfide , et sur les pas d'Osmin
» De l'austère Clichy reprenez le chemin. »
A ces mots les houris , sûres de leur empire ,

4*

Livrèrent à l'écho de longs éclats de rire ,

Et leurs jeunes amis , en sifflant leur Mentor ,

S'élancèrent d'un bond dans leur lit tiède encor !


Couples heureux ! l'amour vous verse son ivresse ;

Exercez à loisir votre mâle jeunesse ,

Des lions du désert indomptables rivaux ,

Alcide eût de nos jours envié vos travaux.

Et cependant Osmin fuit vers la capitale !

En longs gémissemens son désespoir s'exhale ;

Il maudit mille fois , et Nathan , et Paris ,

Et l'Opéra français , et les fausses houris.

De quel front ira-t-il au pays du prophète

Étaler en public sa honteuse défaite ?

Quelle excuse fournir au monarque d'Alger ?

N'importe, son devoir méprise le danger ;

Il fuit la capitale , et l'ame résignée ,

Il regagne à l'instant sa patrie éloignée.


Mais déjà, dans Alger, l'estafette aux cent voix

Avait conté d'Osmin les amoureux exploits ;

Il arrive , et se rend au palais de son maître ;

D'un farouche regard Hussein l'a vu paraître :

« Épargne tes discours , Osmin , j'ai tout appris ;

» D'un revers parmi nous tu sais quel est le prix ;

» Il faut que sans délai ton destin s'accomplisse ;

» Je ne puis arrêter le cours de la justice ;

» Mais ma noble amitié te fait un dernier don :

» Adieu , tu peux choisir du pal ou du cordon. »

A ce trait si touchant d'un roi si magnanime ,

L'ambassadeur sentit tout le poids de son crime,

Et le jour même, après un choix fait à loisir ,

Il mourut sur un pal comme meurt un visir.

# CHANT QUATRIÈME.

*

*Dove Diavolo , messer Lovico , avete pigliato tante c.* • • • •
Paroles du cardinal D'EST à l'ARIOSTE.

*Panditur , interea, domus omnipotentis Olympi.*

VIRGILE.

*

# CHANT QUATRIÈME.

✿

## ARGUMENT.

Nouvelle ruse du dey d'Alger. — Échange proposé. — La girafe. — Déli-
vrance de Bacry. — Fureurs du Dey. — Assemblée du Divan. — Le consul
français. — Conférence politique. — L'éventail.

Mais le prince d'Alger, à force d'artifice,
Veut de ses plans détruits relever l'édifice :
Il faut, dût s'écrouler son empire en débris,
Que le traître Nathan soit extrait de Paris.

De son noble conseil la sombre politique
A cet unique but sans relâche s'applique ;
Lui-même le préside, et jamais potentat
Ne parut méditer un plus grand coup d'État.
Son peuple l'aperçoit farouche et solitaire ;
Ce palais si brillant est l'antre du mystère ;
Il consulte des juifs profonds dans les calculs,
A de longs entretiens appelle les consuls,
Pendant six mois et plus, trame avec perfidie
Les fils mystérieux d'une ruse hardie,
Et bientôt au Divan il ose se flatter
Que son heureux complot est tout près d'éclater.

L'Europe, en ce temps-là, d'étonnement frappée,
D'une étrange nouvelle était toute occupée ;
Un bruit, digne sujet de tous les entretiens,
Alors, se répandit chez les peuples chrétiens :
On disait qu'à Paris, avec toute sa suite
Une immense girafe allait être conduite,
Présent que Méhémet, vieux complice d'Hussein,

Conquit à frais communs chez le noir Abyssin.

En effet, depuis peu, les rives de Marseille

Avaient vu débarquer la vivante merveille ;

Mais Paris l'attendait comme un Palladium :

Elle entre dans les murs du nouvel Ilium ;

Le peuple crie : Honneur au noble quadrupède !

Combien il eût charmé Buffon ou Lacépède !!

On l'entoure, on le presse, et l'immense convoi

Par le pont d'Austerlitz entre au Jardin-du-Roi.

Ah ! si dans ces beaux lieux la foule émerveillée

Admirait autrefois la girafe empaillée,

Qu'avec plus de raison son regard est charmé

En voyant se mouvoir le colosse animé !

La voilà dans sa cour !... D'une armure héraldique

Il semble qu'est tombé cet être fantastique ;

Sa sauvage fierté s'éloigne avec dédain

Des grossiers compagnons, hôtes de ce jardin ;

On dirait qu'elle cherche, en son inquiétude,

Du Sennaar sablonneux la vaste solitude.

Tandis qu'en nos cités tant d'hommes abrutis

Attachent sur le sol leurs yeux appesantis,

Et semblent renier leur céleste domaine ;

Grave dans son maintien, la girafe hautaine

Porte au-dessus de nous son front audacieux,

Et broute noblement en regardant les cieux [16].


Bacry seul est pensif : le souci le dévore ;

Hélas ! la veille même une estafette more,

Arrivée à la hâte au milieu de la nuit,

L'avait d'un noir complot secrètement instruit.

Il sait trop à quel prix à la France étonnée

Cette haute girafe avait été donnée ;

Il sait que pour complaire au monarque d'Alger,

On devait en retour lui-même l'échanger.

Des ministres du jour telle est la politique !

A meubler des jardins leur science s'applique ;

Ils ont des animaux qui ne leur coûtent rien ;

Pour avoir un ours blanc ils vendraient un chrétien ;

Les cruels ! ils ont mis avec indifférence

La girafe et Bacry dans la même balance !

Quelle force opposer aux ministres d'un roi?

Le héros se résigne à cette dure loi;

Déjà même, en vertu d'un ordre qu'on leur donne,

Deux agens du pouvoir ont saisi sa personne.

C'en est fait, et Nathan, dans son hôtel surpris,

D'un odieux traité va devenir le prix;

Mais un bras tout-puissant, un bras cher à Solime,

Se montre pour sauver la touchante victime;

C'est Rotschild accouru de son hôtel d'Artois,

L'espoir des nations et le soutien des rois :

« Suspendez, leur dit-il, ce lâche sacrifice;

» Si la France consomme une telle injustice,

» A ce fils d'Israël s'il manque un seul cheveu,

» Je dis à votre banque un éternel adieu,

» Et, retirant demain mon or cosmopolite,

» Je mets l'Europe entière en état de faillite;

» Et d'ailleurs, de quel droit osez-vous le saisir?

» Il ne doit craindre ici ni pacha ni visir;

» Si jadis dans Alger il reçut la naissance,

» Il est depuis quinze ans sujet du roi de France;

» Lisez ce parchemin que le temps a jauni. »

A ces mots le héros du café Tortoni

Sent rentrer dans son ame une nouvelle audace;

Il ordonne aux huissiers d'évacuer la place,

Et sauvé cette fois de ce pressant péril,

De ses plaisirs passés il ressaisit le fil.


Mais Hussein attendait le prix de la girafe,

Lui–même de Nathan avait fait l'épitaphe;

Vain espoir! d'un traité manifeste mépris!

La girafe et Nathan sont restés dans Paris;

« L'univers est rempli du bruit de ma disgrâce,

» Il est temps, dit le Dey, que justice se fasse. »

Les ordres sont donnés : au lever du soleil

Hussein fait préparer la salle du conseil,

Magnifique Divan, auguste sanctuaire,

Où ce prince étalant son faste héréditaire,

Concilie avec art, dans les périls urgens,

La sombre politique avec le droit des gens;

C'est l'Olympe d'Alger; et, quand pâle de crainte,

Un consul de l'Europe en aborde l'enceinte ,
Ces princes, ces visirs à ses yeux indécis
Semblent autant de rois sur des coussins assis.
Jamais dans les congrès de Leybach ou de Vienne
Tant d'éclat n'avait lui sur une cour chrétienne :
Aux portes du palais deux longs rideaux flottans
S'entr'ouvrent sous la main en flexibles battans ;
De somptueux tapis teints au golfe Persique ,
Du parquet éclatant couvrent la mosaïque ;
Les murs sont dépouillés ; mais un iman pieux
Sur leur marbre a gravé des vers mystérieux ;
La colonne à ces murs adossée en ogive
Décrit mille festons , rampe sous la solive,
Comme un arbre fécond centuple ses arceaux ,
Et soutient sans effort sur ses mille rameaux
Ces corniches d'azur où le pinceau moresque
Promène en longs anneaux la fantasque arabesque.


Le vénérable Dey vient s'asseoir en ce lieu ;
Des peuples africains honoré comme un dieu ,

Ses dociles sujets s'inclinent quand il passe ;

Une auguste fierté réside sur sa face.

Les huissiers du palais, pirates courtisans,

Ont chargé ses coussins de superbes présens,

Car tout consul chrétien admis à l'audience

Par d'honorables dons doit la payer d'avance.

Le monarque s'asseoit ; le successeur d'Osmin

Lui porte sa chibouque au tuyau de jasmin,

Et jette dans le vase où le tison pétille

Du sérail de Stamboul l'odorante pastille.

Deval est introduit ; à son humble maintien

Sans peine on reconnaît l'ambassadeur chrétien ;

Il passe sous la porte où le rideau s'incline,

Comme un consul romain sous la Fourche Caudine,

Et quittant à propos tout sentiment d'orgueil,

Il gagne à pas craintifs son modeste fauteuil.

Cependant, de l'estrade où sa fierté repose,

Le Dey sur le consul promène un œil morose ;

Qu'il voudrait voir cloués au fer du même pal,

Et le consul français, et le consul papal !

Mais la soif des sequins assoupit sa vengeance :

« Écoute-moi, chrétien, ma funeste obligeance

» A nourri, par les mains de mon prédécesseur,

» Cette France qu'Alger aimait comme sa sœur ;

» Tes frères ont mangé mes grains, et le prophète

» M'est témoin qu'ils n'ont pas acquitté cette dette ;

» Et quelle dette, Allah ! sept millions de francs

» Non compris, tu le sais, l'intérêt de trente ans.

» On m'a dit depuis peu que Bacry mon esclave

» A reçu cet argent et la mis dans sa cave ;

» Si le fait est certain, j'exige que ton roi

» Fasse saisir le juif en vertu de ma loi,

» Et dans un mois au plus qu'il le rende à son maître.

» Grand Roi, dit le consul, Bacry n'est point un traître,

» S'il a reçu de l'or de mon gouvernement,

» Cet or n'est pas le tien, et j'en fais le serment ;

» Cette affaire est obscure, il est vrai, mais je pense

» Que si la Chambre un jour vote cette dépense,

» Dans le prochain budget si tu peux être admis,

5

» Si tes fonds sont votés, ils te seront remis. »


Et le consul s'assied : l'interprète en extase
Ne trouva point de mots pour traduire sa phrase ;
Le Dey de ses longs doigts déchirant son coussin
Sentit le sang d'Alger bouillonner dans son sein,
Et d'un large éventail le mouvement rapide
Ramena la fraîcheur sur sa face livide.
« Tu me railles, chrétien, dit-il, et mon drogman
» Par ta réponse a craint de souiller le Divan ;
» Mais je veux être bon ; écoute, notre affaire
» Malgré tous tes grands mots, comme le jour est claire ;
» Réponds en langue franque et sois concis. »

LE CONSUL.

Grand Roi,
La créance d'Alger est de très-bon aloi ;
Ainsi reste en repos. Toi qui tiens la cassette,
Tu peux quand il te plaît acquitter une dette ;
Mais chez nous, pour payer on est bien moins actif,
Notre gouvernement est représentatif !...

**LE DEY.**

Ah ! tu fais le plaisant !

**LE CONSUL.**

Pardon ! le Roi mon maître
Ne peut rien te devoir....

**LE DEY.**

Il ne me doit rien , traître !

**LE CONSUL.**

C'est l'État qui te doit.

**LE DEY.**

L'État !

**LE CONSUL.**

La nation :
Adresse aux députés une pétition.

**LE DEY.**

Qu'on me rende Bacry.

**LE CONSUL.**

C'est un sujet fidèle ,
Adopté par la France et protégé par elle.

5*

## LE DEY.

Ni Bacry ni mon or !.... Téméraire Français ,
Que ce coup d'éventail te flétrisse à jamais !

A ce coup, le chrétien, frémissant de colère ,
Était près de saisir son glaive consulaire;
Mais diplomate habile il calme son transport,
Fait un présent au Dey, le remercie et sort.

Mille cris de fureur ébranlèrent les voûtes.
Quand on suit de Barca les sablonneuses routes ,
A l'heure sombre où l'astre au Croissant inégal
Blanchit d'un jour douteux les monts du Sénégal,
Du fond des bois, du creux des vallons solitaires ,
Les lions de l'Atlas , les tigres , les panthères
Élèvent vers les cieux ce déchirant concert
Qui glace l'Africain errant dans le désert ;
Tels autour de leur maître altéré de vengeance
Mugissaient à la fois les chefs de la Régence.

Hussein met à profit ce généreux transport ;

Le signal des combats retentit dans le port,

Les imans ont prié ; l'étendard du prophète

De la haute mosquée a décoré le faîte ,

Et le Dey , comme au jour d'un suprême danger ,

Paraît vêtu de blanc sur les remparts d'Alger.

# CHANT CINQUIÈME.

*

*Unum pro multis dabitur caput.* . . . .

VIRGILE.

*Suspensus est itaque Aman* . . . *et Regis ira quievit.*
Lib. Esthœr. Caput 7. v. 10.

*

# CHANT CINQUIÈME.

✿

CEPENDVNT, le consul du Divan en tumulte
Est sorti, le visage encor chaud de l'insulte;
Pour dérober les siens aux vengeances d'Hussein,
De comptoir en comptoir il sonne le tocsin,

Ordonne, dans son zèle, à ses compatriotes,

De quitter à l'instant leurs redoutables hôtes,

Et sur un brick français, mouillé sous les remparts,

Il s'élance, suivi de timides fuyards.

Bientôt, il voit le port où la tour de Phocée

Divise, sous ses pieds, la vague courroucée;

Ni retard, ni repos : déjà dans l'arsenal,

Deval au télégraphe a dicté le signal,

Et tout Paris apprend qu'un Dey plein d'arrogance

Sur une joue auguste a souffleté la France.

Alors on entendit s'élever à la fois

Sur tout le sol français de lamentables voix.

Les barons ont vendu leurs antiques domaines,

Le vieux sang des Croisés bouillonne dans leurs veines,

Chaque preux au donjon plante son étendard,

Tout s'indigne, tout s'arme, et personne ne part.

Mais le péril est grand : une crainte unanime

Force les assureurs à renchérir leur prime.

Alger porte en tous lieux la terreur de son nom,

Les mers ont retenti du bruit de son canon;

C'est en vain que des forts s'élèvent sur nos plages,
Tout fuit d'un pas hâtif de dangereux rivages,
Et l'agile Busnach, craignant d'être surpris,
Abandonne la côte et regagne Paris [17].
Et nous, qu'un même instinct, loin de la capitale,
Avait alors conduits sur la rive natale;
Nous, dont la faible voix en poétiques chants
Traduisait chaque jour ces récits attachans,
Il nous fallut quitter ce fortuné rivage
Où le sable des mers nourrit le pin sauvage,
Où sous les marbres frais de Jupiter Ammon [18],
Le poëte rêveur invoquant son démon,
Voit, à travers les bois, sur une plage unie,
Fuir, en lames d'azur la vague d'Ionie;
Quel effroi! si du creux des perfides îlots,
Un pirate lançant son chebec sur les flots,
Fût venu, plus cruel que de Broë lui-même,
Arrêter les auteurs et saisir le poëme!

Mais pourquoi, quand la guerre embrase l'univers,

Mêler des noms obscurs à de si grands revers?

Déjà le vieux Deval , que sa honte aiguillonne,

Hâte dans les chantiers les apprêts de Bellone ;

A l'aspect du héros perché sur un donjon ,

On croit voir la Discorde en ailes de pigeon ;

Tout s'anime à sa voix ; les flottes étonnées

Rompent le câble oisif qui les tient enchaînées ;

Rigny [19] , pour signaler sa présence et son rang,

Hisse son pavillon au mât du *Conquérant;*

L'escadre du blocus sous ses ordres s'avance ;

Le rapide *Trident*, le *Breslaw* , la *Provence*,

Majestueux vaisseaux , ceints d'un triple canon ;

Avec eux ont cinglé l'*Armide*, la *Junon*,

La *Sirène*, l'*Écho*, si hautement mâtée ,

Le *Loiret*, le *Marsouin* , l'agile *Galathée*,

Le *Faune* au vol léger , l'impétueux *Volcan ;*

Les vents poussent au loin le formidable camp ;

Ces superbes vaisseaux , ces rapides frégates

Entrent , par le détroit , dans la mer des pirates.

Là, voguent ralliés sous le blanc pavillon,

Les marins qu'a nourris l'héroïque Toulon,

Vétérans mutilés qui regrettent sans crime

Un drapeau que leur gloire avait fait légitime,

Quand leur bras, dans des jours d'ineffables douleurs,

Aux eaux de Trafalgar sauvait les trois couleurs.


Ils sont devant Alger ! Comme un rocher d'albâtre,

La ville au loin s'étend en vaste amphithéâtre,

Et montre sur ses murs avec art défendus,

Trois cents canons d'airain que l'Europe a vendus.

Hussein a tout prévu; sa flotte qu'il apprête,

Dans l'enceinte du môle affronte la tempête,

Tandis que les vaisseaux qui menacent le port,

Vers la côte poussés, cèdent au vent du nord.

Du côté du désert cette cité guerrière

Offre de ses remparts la puissante barrière;

L'œil frémit de les voir ! de créneaux en créneaux,

Pareils à ces boulets qu'on voit aux arsenaux,

Mille crânes humains blanchis au vent d'Afrique [20],

S'élèvent par monceaux en ligne symétrique;

Éternel monument de vengeance et d'effroi!

C'est l'horrible tribut que le sabre du Roi

Va chercher au désert, quand le peuple en détresse

Refuse le budget voté par sa hautesse.

Mais malgré les rigueurs du monarque d'Alger,

A la première alarme, au signal du danger,

On vit de toutes parts des hordes demi nues

De la sainte cité noircir les avenues;

Dix mille sont venus du frais Vadijidi,

Et du pays de Zab au désert du Midi;

L'État de Constantine et sa puissante ville,

Si riches en soldats, en ont armé vingt mille;

A leur large ceinture où brille l'atagan,

On distingue entre tous les fils de Mostagan;

Du tombeau de Siphax, sur des chevaux rapides,

Accourent en hurlant les agiles Numides.

Tant de Mores distincts de langage et de mœurs,

Élèvent dans les airs de confuses clameurs;

Autour des murs d'Alger, ces immenses peuplades

Promènent leurs troupeaux et leurs tentes nomades,

Et, quand l'astre du jour tombe sous l'horizon,

Encombrent de leurs flots la porte Babason [21].

Hussein, émerveillé de leur prompte venue,

Vante leur discipline, admire leur tenue;

Pour remplir ses soldats de courage et d'amour,

Il se montre, entouré des puissans de sa cour.

Là brillent ses vieux chefs armés du cimeterre :

Le belliqueux Assen qui préside à la guerre;

Le superbe Ibrahim, né sur le mont d'Ammer,

Ibrahim, dont le sceptre épouvante la mer;

Et Brahm, le casmagi de la caisse publique,

Né sur le frais Shellif, Garonne de l'Afrique.

A l'aspect de son prince, à sa garde commis,

Tout Alger s'est levé comme un enfant soumis :

Le bon prince touché de la publique ivresse,

Accueille en souriant la foule qui le presse;

Improvise, en jetant quelques légers sequins,

Ces bons mots familiers aux princes africains,

Et toujours escorté de son peuple fidèle,

Il gagne au petit pas la haute citadelle.

Là, quel tableau guerrier s'offrit à ses regards!

Fièrement pavoisés sous le feu des remparts,

Les vaisseaux francs, pareils à de flottantes îles,

Étalaient leurs canons sur des vagues tranquilles.

Le Dey jette sur eux des regards de dédain,

Il les maudit ensuite; et de sa propre main

Il pointe avec effort sa longue couleuvrine,

Glisse son éventail dans l'énorme machine,

« Feu; dit-il » ! l'éclair brille , et déja l'amiral

A reçu l'instrument qui souffleta Deval.


Le voilà donc tiré le glaive des batailles!

Que d'horribles tableaux, d'illustres funérailles

Le poëte entrevoit dans le sombre avenir!

Le tonnerre est lancé; qui peut le retenir?

Quel bras médiateur , quelle voix pacifique

Peut réconcilier notre France et l'Afrique?


O toi! puissant génie, officieux lutin,

Qui des côtes d'Alger au boulevard d'Antin,

Deux fois, as transporté nos muses vagabondes !

Effleure de nouveau l'immensité des ondes,

Instruis par notre voix l'univers indécis,

Poursuis jusqu'à la fin ces magiques récits,

Et qu'une fois encor ton souffle nous ramène

Des plages de l'Afrique aux rives de la Seine !


Dans les brillans salons du Café de Paris

Nathan a rassemblé ses nombreux favoris;

Le Champagne mousseux dans les verres pétille,

Sur les visages frais la douce gaîté brille;

Bacry seul est rêveur; le débiteur d'Hussein

Semble en proie aux soucis d'un étrange dessein!

Des savoureux ragoûts l'odorante fumée

N'a pu lui rendre encor sa joie accoutumée.

Sa coupe de cristal, qu'il vida tant de fois

S'arrête sur sa lèvre et glisse entre ses doigts,

Et les mille bons mots que le dessert inspire

En vain à ses yeux morts demandent un sourire.

Tout-à-coup, au milieu de son conseil privé,

D'un air calme et pensif le héros s'est levé :

« Mes amis, dit Nathan, *la Gazette* fidèle

» Du plus grand des malheurs me porte la nouvelle;

» En ce moment fatal, Alger, cher à mon cœur,

» Peut-être, dans la France, a trouvé son vainqueur,

» Alger, noble cité, juste orgueil d'un roi more ,

» Alger qui m'a vu naître et que mon cœur adore!

» Hélas! peut-être aussi les marins du blocus

» Sous les bronzes d'Alger ont succombé vaincus ,

» Et mon premier berceau, dans une attaque vive ,

» Égorge en ce moment ma patrie adoptive.

» Ah ! de quelque côté que je porte mes yeux ,

» Je rencontre partout un triomphe odieux ;

» Quels que soient les héros qui deviennent victimes,

» Je leur devrai toujours des larmes légitimes,

» Et de cœur et de nom Africain et Français ,

» Je redoute un revers à l'égal d'un succès.

» Dois-je,quand dans mon cœur un tel combat s'engage,

» De mes vœux impuissans faire un égal partage?

» Par deux pays rivaux également banni,

» Vivrai-je sans patrie, au café Tortoni ?

» Non, non; quittons ces lieux qui m'enivraient naguère,

» Amis, puisque je suis l'Hélène de la guerre,

» Terminons d'un seul coup ces funestes débats,

» Et périssons enfin en sauvant deux Etats.

» C'est pour moi, pour moi seul que la guerre s'apprête ;

» L'impatient Hussein a demandé ma tête;

» J'y cours; pour m'arrêter vos cris sont superflus,

» Comme Rome, Paris aura son Régulus.


» Adieu, cirque Favart, et vous nobles banquettes,

» Que paraient, chaque soir, mes nouvelles conquêtes,

» Quand, gravement armé de mes binocles d'or,

» Je lorgnais, en bâillant, Mainvielle–Fodor !

» Adieu, secrets boudoirs, qu'embaumait mon arôme ! .

» Adieu, frais boulevards, circulaire hippodrome,

» Où mon rapide char, traîné par deux coursiers,

» Maculait, en passant, de honteux coulissiers.

» Et vous, nobles amis, dont la foule opportune

6*

» A jeté tant d'éclat sur ma haute fortune,

» Dans ce dernier banquet recevez en ce lieu,

» Et mon suprême toste, et mon dernier adieu ! »


Le desservant du temple a porté le mémoire,

Bacry le paie, et sort tout rayonnant de gloire.

Ses amis éplorés, quittant leurs phaétons,

L'escortent humblement en modestes piétons;

Le juif marche, et partout un éclatant hommage

Du moderne Codrus honore le courage;

Dans le tripot voisin, en voyant le héros,

Le banquier oublia de nommer les zéros;

Au Café de Paris les fourneaux s'éteignirent,

D'un long voile de deuil ses tables se couvrirent,

L'orchestre de Favart, buvant chez Tortoni,

Exécuta, sans frais, trois airs de Rossini,

Et sur son haut balcon, une agile prêtresse,

Par des pas de zéphir signala sa tristesse.


Quel deuil universel ! jamais les boulevards

D'un si lugubre aspect n'attristent les regards,

Quand sous un ciel brumeux, dans la foule, en silence,

Le corbillard d'un roi vers Saint-Denis s'avance.

En voyant l'holocauste offert pour nos malheurs,

Au sein du café Turc on répandit des pleurs;

Avec un saint respect le peuple le contemple,

Du perron de Mongie au boulevard du Temple,

C'est un père vivant qui marche à son cercueil

Accompagné d'amis et d'orphelins en deuil;

Et bientôt aux regards de l'escorte nombreuse

Paraît de Villejuif la barrière poudreuse.

Là, sous de hauts tilleuls, se déroule un chemin

Que sillonnent encor les vestiges d'Osmin;

Au souvenir cruel du visir infidèle

Le noble juif s'émeut, son courage chancèle;

Mais sa fierté s'indigne, et sa mâle vertu

Se ravive en son cœur un instant abattu :

« Adieu, peuple, dit-il, en langue orientale,

» Je vais mourir pour vous sur la terre natale.

» Ah! si j'offre mon flanc à son fer assassin,

» Puissé-je désarmer la colère d'Hussein,

» Et rendre à l'amitié, toute haine bannie,

» Deux peuples si bien faits pour vivre en harmonie! »


Les destins sont remplis... Monté sur un vaisseau,

Il a revu les murs qui furent son berceau...

Le blocus, à l'aspect de sa blanche bannière,

Entr'ouvre avec lenteur sa puissante barrière;

Dans le palais d'Hussein Nathan est introduit :

Le suprême conseil se rassemble sans bruit,

Jamais, telle est la loi de ce farouche empire,

Hors des murs du Divan un secret ne transpire.

Le destin de Bacry dort sous un voile épais :

Mais déjà dans les airs le pavillon de paix

S'élève avec orgueil sur les côtes d'Afrique.

L'escadre répéta le signal pacifique,

Et le nom de Nathan, par deux peuples béni,

Fut gravé sur le marbre au café Tortoni.

# NOTES.

# NOTES.

―――◦◦◦―――

**¹ L'inexorable Dey redemande Bacry.**

LE *Courrier Français* du 24 juin dernier donne les détails les plus lucides sur l'affaire Bacry :

. . . . . . . « Le courroux du Dey vient principalement du retard qu'éprouve le paiement des créances dites *Algériennes*.

. . . . . . . » Le gouvernement de S. M. Louis XVIII a liquidé sa créance à sept millions.

» Peu familier avec les formalités de nos lois de liquidation et de procédure, le Dey voyant diminuer chaque jour la créance et se prolonger les délais du paiement, a cru qu'on le jouait. Il a demandé d'une manière fort brutale l'extradition de Nathan Bacry, son ancien sujet; il entend que les sept millions lui soient comptés. »

**² Défendra le héros du café Tortoni.**

Le café Tortoni est connu de toute l'Europe; son heureuse position au centre des boulevards, la fraîcheur de ses salons, le luxe et l'extrême propreté de son service, en ont fait le rendez-vous quotidien de tout ce que Paris renferme de célèbre dans l'industrie et la finance. Il est inutile d'observer que cette fastueuse cour que nous avons prêtée au héros de Tortoni, est une pure fiction poétique. M. Bacry est un habitué constant de ce café ; devenu Français par naturalisation, il veut l'être encore par ses mœurs et ses habitudes ; aussi cherche-t-il à copier cette heureuse et brillante jeunesse du boulevard de Gand, qui, par son urbanité, son goût exquis et l'élégance de ses manières, a fait oublier la sotte fatuité de l'ancien régime.

[3] Par des coups de canon venge un coup d'éventail.

On lit dans le *Moniteur* du 5 juin dernier :

« Des lettres d'Alger en date du 30 avril annoncent que, dans une audience accordée au consul-général et chargé d'affaires de France, le Dey perdant tout respect pour le caractère de cet agent et pour la puissance qu'il représentait, s'est oublié au point de l'insulter gravement. Cette violation du droit des gens ne devant pas rester impunie, une division navale doit être en ce moment partie de Toulon pour en tirer satisfaction, ainsi que des autres griefs de la France. »

On a su depuis quel genre d'insulte avait subi le consul français : à la suite d'une violente discussion entre cet agent diplomatique et le dey d'Alger, au sujet de l'affaire Bacry, le dey, outré de colère, lança violemment son éventail à la tête du consul ; il est fort heureux pour ce dernier que les monarques algériens portent un éventail en guise de sceptre ; sans cela, M. Deval eût conservé l'empreinte de ce lourd attribut de la royauté.

⁴ Au Galland du désert demandent des récits.

Antoine Galland, savant orientaliste, traducteur des *Mille et une Nuits*.

⁵ C'est là que règne Hussein père de ses sujets.

Hussein; c'est le nom du dey d'Alger aujourd'hui régnant. Son premier ministre se désigne par casmagi, et se nomme Brahm; c'est son ministre des finances. Le département de la guerre est confié à Assen, qui a le titre d'aga; et Ibrahim est son vikkillargi, c'est-à-dire qu'il a le porte-feuille de la marine.

⁶ Il se plaît à monter ses quatre cents pendules.

Hussein, comme tous les beys, les deys et les pachas, est dévoré par l'ennui dans un palais où il se consigne lui-même; il n'en sort que dans les grandes occasions. Pour charmer quelques-uns de ses nombreux loisirs, il s'est donné la passion des pendules; on assure qu'on en compte chez lui quatre cents. Aussi toutes les puissances européennes lui envoient-elles des présens de son goût; il estime principalement celles dont le timbre est le plus aigu et prétend faire sonner jusqu'aux cadrans solaires.

⁷ Déchira sur Alger les bombes d'Angleterre.

Le dernier bombardement d'Alger par lord Exmouth.

⁸ Israël n'eut jamais de plus faux charlatan !

En notre qualité de poëtes, nous suivons le précepte d'Horace :

*Aut famam sequere , aut sibi convenientia finge.*

C'est-à-dire que nous présentons M. Bacry comme détenteur des millions dus à la régence d'Alger ; et en mettant ce vers dans la bouche du Dey, nous n'avons ni l'intention d'attaquer en masse la classe très-estimable des Israélites, ni même la probité de M. Bacry ; car en supposant que M. Bacry retienne en ses mains les fonds du Dey, nous ne croyons pas qu'il soit déshonoré parce qu'il s'approprie l'or d'un pirate qui a fait décapiter injustement plusieurs membres de sa famille.

⁹ Il appelle Costa, son horloger fidèle.

Nous connaissons particulièrement M. Costa, ex-horloger du Dey, et nous tenons de lui une infinité de détails sur l'intérieur du palais de ce prince. Il nous a raconté, entre autres choses, qu'un jour il courut le risque d'être empalé parce que la pendule favorite du Dey oublia de sonner midi.

¹⁰ Mais déjà le vaisseau dans son rapide cours.

Ce voyage est, comme on le voit, imité de la *Jérusalem déli-vrée*. Si nous sommes restés, comme poëtes, au-dessous du Tasse, nous croyons l'avoir égalé comme géographes. Cette description de la côte est de la plus rigoureuse exactitude.

> [11] Le soleil à cette heure agrandissant son disque,
> Du vaincu de Pharsale éclairait l'obélisque.

On donne généralement le nom de *colonne de Pompée* à la colonne isolée qui s'élève hors de la porte méridionale d'Alexandrie ; mais les savans prétendent que cette colonne est beaucoup plus ancienne que Pompée, et qu'elle servait de principal ornement au fameux *Serapeum*, édifice très-vaste consacré au culte d'une divinité égyptienne : c'est l'opinion du célèbre Malte-Brun.

[12] Que tes nobles sujets ont quitté leur patrie.

On voit que les menées du dey d'Alger datent de fort loin ; il paraîtrait d'après ce passage que les cinquante Égyptiens arrivés à Paris il y a environ deux ans, et casernés à Clichy, sont venus dans un tout autre but que leur civilisation ; dernièrement encore les débats d'une affaire criminelle ont prouvé qu'ils accordaient quelques momens à leurs plaisirs.

[13] La créance qu'il tient sur le roi Ferdinand.

M. Bacry n'est pas fort heureux, soit comme débiteur, soit comme créancier ; comme débiteur il a affaire au dey d'Alger, qui le mène rudement ; comme créancier il a des droits à faire valoir contre le roi d'Espagne, pour la modique somme de 1,300,000 francs. Or il y a quelques années qu'il passa les Pyrénées pour tenter un recouvrement de fonds ; le ministre des finances, qui

connaissait les démêlés de **M.** Bacry avec les Barbaresques, lui
conseilla fort poliment d'aller préalablement régler ses comptes
avec le Dey, lui promettant qu'à son retour le Trésor s'occuperait
de son affaire ; malgré ce bon conseil, on assure que M. Bacry ne
se propose pas de retourner en Espagne en passant par Alger.

[14] En songe n'apparut plus brillante à leurs yeux.

Le magnifique opéra d'Aladin a exclusivement fixé la curiosité
des jeunes Orientaux qui résident à Paris. Il n'est pas extraordi-
naire d'entendre à Alexandrie, à Smyrne et à Tunis, des Turcs
fredonner des airs de cet opéra.

[15] On vit près d'un manoir sur la route de Sceaux.

Les poëtes font sans doute allusion à un magnifique château qui
appartient à un riche Israélite.

[16] Et broute noblement en regardant les cieux.

N'en déplaise à Ovide, ses vers conviennent beaucoup mieux à
la girafe qu'à l'homme :

*Pronaque cum spectent animalia cœtera terram ,*
*Os homini sublime dedit , cœlumque tueri*
*Jussit, et erectos ad sidera tollere vultus.*

<sup>17</sup> Et l'agile Busnach, craignant d'être surpris,
Abandonne la côte et regagne Paris.

Michel Busnach, ancien associé de la maison Bacry, n'est pas en bonne odeur auprès du dey d'Alger. Son départ précipité de Marseille semble annoncer des craintes sérieuses.

<sup>18</sup> Où sous les marbres frais de Jupiter-Ammon.

Ce poëme a été composé en partie sous les frais portiques d'un temple moderne, dédié à Jupiter-Ammon par un riche sybarite dont la riante imagination avait animé les sites les plus sauvages.

<sup>19</sup> Rigny pour signaler sa présence et son rang.

Pour rehausser l'importance de cette expédition, nous avons cru pouvoir convoquer devant Alger la division navale en station dans l'Archipel, aux ordres du chevalier de Rigny.

<sup>20</sup> Mille crânes humains blanchis au vent d'Afrique.

C'est le plus horrible spectacle dont l'œil d'un Européen puisse être frappé. Toutes les têtes coupées par ordre du Dey sont placées sur les remparts qui regardent la campagne d'Alger. On laisse au vent du sud le soin de décharner ces têtes, et des mains habiles les rangent symétriquement en petites pyramides.

²¹ Encombrent de leurs flots la porte Babason.

Tous ces détails sont parfaitement exacts; il y a deux portes principales à Alger, *Bababek*, porte de mer, et *Babason*, porte de terre. Cette dernière est voisine des lieux funèbres destinés aux exécutions.

www.ingramcontent.com/pod-product-compliance
Lightning Source LLC
Chambersburg PA
CBHW060642100426
42744CB00008B/1730